Maquette : Alex Viougeas
Illustrations : Jean-François Martin

Tous droits de traduction, de reproduction et d'adaptation
réservés pour tous les pays.

*Poèmes de*
# Arthur Rimbaud

Choisis et présentés par Camille Weil

GALLIMARD JEUNESSE

# *Avant-propos*

Comme l'âme que nul n'a jamais vue quand tout le monde sait qu'il faut la rendre pour mourir, la poésie a autant de définitions qu'il y a de poètes. Autant de définitions auxquelles elle échappe toujours. Sans elle pourtant, la langue se meurt et le poème n'est plus qu'une forme vide, un assemblage de mots que rien ne fait vibrer. Un peu comme une guitare sans cordes. Mallarmé parlera à juste titre d'*aboli bibelot d'inanité sonore*.

Comme le cœur qui aime, qui pleure ou qui rit quand le muscle du même nom se contente de battre le sang, flux reflux, la poésie a ses raisons que la raison ignore, que les enfants, les simples, d'emblée, entendent et dont les savants généralement se détournent comme d'une folle qui ne sait ce qu'elle dit en criant que *la terre est bleue comme une orange* (Paul Éluard). C'est qu'il faut à la poésie pour l'entendre un *œil* qui *écoute*, comme disait Claudel, une oreille qui voit. Une oreille, des yeux plus près du cœur que de la raison, plus près des sens que du sens, et c'est Rimbaud qui voit les voyelles en couleur, Verlaine qui met les nuances en musique.

Comme le vent que rien ne peut soumettre ni réduire, la poésie souffle où elle veut et quand elle veut. C'est *une grâce de la nature*, disait Michaux. Une grâce qui traverse le poète comme une ville ouverte et le fait vibrer jusqu'au fond de son ignorance. C'est ainsi qu'il voit ce qu'il entend et peut sur le papier continuer à son pas, de toute sa lyre, le chemin entrevu de l'autre côté de l'horizon; c'est ainsi que le poème naît et la joie du lecteur.

GUY GOFFETTE

## Sensation

■ Par les soirs bleus d'été, j'irai dans les sentiers,
Picoté par les blés, fouler l'herbe menue :
Rêveur, j'en sentirai la fraîcheur à mes pieds.
Je laisserai le vent baigner ma tête nue.

Je ne parlerai pas, je ne penserai rien :
Mais l'amour infini me montera dans l'âme,
Et j'irai loin, bien loin, comme un bohémien,
Par la Nature, – heureux comme avec une femme. ♦

# Ophélie

## I

■ Sur l'onde calme et noire où dorment les étoiles
La blanche Ophélia flotte comme un grand lys,
Flotte très lentement, couchée en ses longs voiles...
– On entend dans les bois lointains des hallalis.

Voici plus de mille ans que la triste Ophélie
Passe, fantôme blanc sur le long fleuve noir ;
Voici plus de mille ans que sa douce folie
Murmure sa romance à la brise du soir.

Le vent baise ses seins et déploie en corolle
Ses grands voiles bercés mollement par les eaux ;
Les saules frissonnants pleurent sur son épaule,
Sur son grand front rêveur s'inclinent les roseaux.

Les nénuphars froissés soupirent autour d'elle ;
Elle éveille parfois, dans un aune qui dort,
Quelque nid, d'où s'échappe un petit frisson d'aile :
– Un chant mystérieux tombe des astres d'or.

## II

Ô pâle Ophélia! belle comme la neige!
Oui tu mourus, enfant, par un fleuve emporté!
– C'est que les vents tombant des grands monts
    de Norvège
T'avaient parlé tout bas de l'âpre liberté;

C'est qu'un souffle, tordant ta grande chevelure,
À ton esprit rêveur portait d'étranges bruits;
Que ton cœur écoutait le chant de la Nature
Dans les plaintes de l'arbre et les soupirs des nuits;

C'est que la voix des mers folles, immense râle,
Brisait ton sein d'enfant, trop humain et trop doux;
C'est qu'un matin d'avril, un beau cavalier pâle,
Un pauvre fou, s'assit muet à tes genoux!

Ciel! Amour! Liberté! Quel rêve, ô pauvre Folle!
Tu te fondais à lui comme une neige au feu:
Tes grandes visions étranglaient ta parole
– Et l'infini terrible effara ton œil bleu!

**III**

— Et le Poète dit qu'aux rayons des étoiles
Tu viens chercher, la nuit, les fleurs que tu cueillis,
Et qu'il a vu sur l'eau, couchée en ses longs voiles,
La blanche Ophélia flotter, comme un grand lys. ◆

# Le bal des pendus

■ Au gibet noir, manchot aimable,
Dansent, dansent les paladins,
Les maigres paladins du diable,
Les squelettes de Saladins.

Messire Belzébuth tire par la cravate
Ses petits pantins noirs grimaçant sur le ciel,
Et, leur claquant au front un revers de savate,
Les fait danser, danser aux sons d'un vieux Noël!

Et les pantins choqués enlacent leurs bras grêles :
Comme des orgues noirs, les poitrines à jour
Que serraient autrefois les gentes demoiselles,
Se heurtent longuement dans un hideux amour.

Hurrah! Les gais danseurs, qui n'avez plus de
panse!
On peut cabrioler, les tréteaux sont si longs!
Hop! qu'on ne sache plus si c'est bataille ou danse!
Belzébuth enragé racle ses violons!

Ô durs talons, jamais on n'use sa sandale!
Presque tous ont quitté la chemise de peau :
Le reste est peu gênant et se voit sans scandale.
Sur les crânes, la neige applique un blanc chapeau :

Le corbeau fait panache à ces têtes fêlées,
Un morceau de chair tremble à leur maigre menton :
On dirait, tournoyant dans les sombres mêlées,
Des preux, raides, heurtant armures de carton.

Hurrah! La bise siffle au grand bal des squelettes!
Le gibet noir mugit comme un orgue de fer!
Les loups vont répondant des forêts violettes :
À l'horizon, le ciel est d'un rouge d'enfer…

Holà, secouez-moi ces capitans funèbres
Qui défilent, sournois, de leurs gros doigts cassés
Un chapelet d'amour sur leurs pâles vertèbres :
Ce n'est pas un moustier ici, les trépassés!

Oh! voilà qu'au milieu de la danse macabre
Bondit dans le ciel rouge un grand squelette fou
Emporté par l'élan, comme un cheval se cabre :
Et, se sentant encor la corde raide au cou,

Crispe ses petits doigts sur son fémur qui craque
Avec des cris pareils à des ricanements,
Et, comme un baladin rentre dans la baraque,
Rebondit dans le bal au chant des ossements.

Au gibet noir, manchot aimable,
Dansent, dansent les paladins,
Les maigres paladins du diable,
Les squelettes de Saladins. ◗

# À la musique

*Place de la gare, à Charleville.*

■ Sur la place taillée en mesquines pelouses,
Square où tout est correct, les arbres et les fleurs,
Tous les bourgeois poussifs qu'étranglent
   les chaleurs
Portent, les jeudis soirs, leurs bêtises jalouses.

– L'orchestre militaire, au milieu du jardin,
Balance ses schakos dans la *Valse des fifres* :
– Autour, aux premiers rangs, parade le gandin ;
Le notaire pend à ses breloques à chiffres :

Des rentiers à lorgnons soulignent tous les couacs :
Les gros bureaux[1] bouffis traînent leurs grosses
    dames
Auprès desquelles vont, officieux cornacs,
Celles dont les volants ont des airs de réclames ;

Sur les bancs verts, des clubs d'épiciers retraités
Qui tisonnent le sable avec leur canne à pomme,
Fort sérieusement discutent les traités,
Puis prisent en argent, et reprennent :
    « En somme !... »

Épatant sur son banc les rondeurs de ses reins,
Un bourgeois à boutons clairs, bedaine flamande,
Savoure son onnaing[2] d'où le tabac par brins
Déborde – vous savez, c'est de la contrebande ; –

Le long des gazons verts ricanent les voyous ;
Et, rendus amoureux par les chant des trombones,
Très naïfs, et fumant des roses, les pioupious
Caressent les bébés pour enjôler les bonnes...

– Moi, je suis, débraillé comme un étudiant
Sous les marronniers verts les alertes fillettes :
Elles le savent bien, et tournent en riant,
Vers moi, leurs yeux tout pleins de choses
    indiscrètes ;

Je ne dis pas un mot : je regarde toujours
La chair de leurs cous blancs brodés de mèches
    folles :
Je suis, sous le corsage et les frêles atours,
Le dos divin après la courbe des épaules.

J'ai bientôt déniché la bottine, le bas…
– Je reconstruis les corps, brûlé de belles fièvres.
Elles me trouvent drôle et se parlent tout bas…
– Et je sens les baisers qui me viennent
    aux lèvres… ◆

1. *Employés de bureau.*
2. *Pipe fabriquée à Onnaing.*

# Les effarés

■ Noirs dans la neige et dans la brume,
Au grand soupirail qui s'allume,
      Leurs culs en rond,

À genoux, cinq petits, – misère ! –
Regardent le boulanger faire
      Le lourd pain blond...

Ils voient le fort bras blanc qui tourne
La pâte grise, et qui l'enfourne
      Dans un trou clair.

Ils écoutent le bon pain cuire.
Le boulanger au gras sourire
      Chante un vieil air.

Ils sont blottis, pas un ne bouge,
Au souffle du soupirail rouge,
      Chaud comme un sein.

Et quand, pendant que minuit sonne,
Façonné, pétillant et jaune,
      On sort le pain,

Quand, sous les poutres enfumées,
Chantent les croûtes parfumées,
        Et les grillons,

Quand ce trou chaud souffle la vie
Ils ont leur âme si ravie
        Sous leurs haillons,

Ils se ressentent si bien vivre,
Les pauvres petits pleins de givre!
        – Qu'ils sont là, tous,

Collant leurs petits museaux roses
Au grillage, chantant des choses,
        Entre les trous,

Mais bien bas, – comme une prière...
Repliés vers cette lumière
        Du ciel rouvert,

– Si fort qu'ils crèvent leur culotte,
– Et que leur lange blanc tremblote
        Au vent d'hiver... ◆

*20 septembre 1870*

# Roman

### I

■ On n'est pas sérieux, quand on a dix-sept ans.
– Un beau soir, foin des bocks et de la limonade,
Des cafés tapageurs aux lustres éclatants !
– On va sous les tilleuls verts de la promenade.

Les tilleuls sentent bon dans les bons soirs de juin !
L'air est parfois si doux, qu'on ferme la paupière ;
Le vent chargé de bruits, – la ville n'est pas loin, –
A des parfums de vigne et des parfums de bière...

### II

– Voilà qu'on aperçoit un tout petit chiffon
D'azur sombre, encadré d'une petite branche,
Piqué d'une mauvaise étoile, qui se fond
Avec de doux frissons, petite et toute blanche...

Nuit de juin ! Dix-sept ans ! – On se laisse griser.
La sève est du champagne et vous monte à la tête...
On divague ; on se sent aux lèvres un baiser
Qui palpite là, comme une petite bête...

**III**

Le cœur fou Robinsonne à travers les romans,
– Lorsque, dans la clarté d'un pâle réverbère,
Passe une demoiselle aux petits airs charmants,
Sous l'ombre du faux col effrayant de son père...

Et, comme elle vous trouve immensément naïf,
Tout en faisant trotter ses petites bottines,
Elle se tourne, alerte et d'un mouvement vif...
– Sur vos lèvres alors meurent les cavatines...

**IV**

Vous êtes amoureux. Loué jusqu'au mois d'août.
Vous êtes amoureux. – Vos sonnets la font rire.
Tous vos amis s'en vont, vous êtes *mauvais goût*.
– Puis l'adorée, un soir, a daigné vous écrire...!

– Ce soir-là,... – vous rentrez aux cafés éclatants,
Vous demandez des bocks ou de la limonade...
– On n'est pas sérieux quand on a dix-sept ans
Et qu'on a des tilleuls verts sur la promenade. ♦

*29 septembre 1870*

# Rêvé pour l'hiver

■ L'hiver, nous irons dans un petit wagon rose
      Avec des coussins bleus.
Nous serons bien. Un nid de baisers fous repose
      Dans chaque coin moelleux.

Tu fermeras l'œil, pour ne point voir, par la glace,
      Grimacer les ombres des soirs,
Ces monstruosités hargneuses, populace
      De démons noirs et de loups noirs.

Puis tu te sentiras la joue égratignée...
Un petit baiser, comme une folle araignée,
      Te courra par le cou...

Et tu me diras : « Cherche ! » en inclinant la tête,
— Et nous prendrons du temps à trouver cette bête
      — Qui voyage beaucoup... ◆

*En wagon, le 7 octobre 1870*

# Le dormeur du val

■ C'est un trou de verdure où chante une rivière
Accrochant follement aux herbes des haillons
D'argent ; où le soleil, de la montagne fière,
Luit : c'est un petit val qui mousse de rayons.

Un soldat jeune, bouche ouverte, tête nue,
Et la nuque baignant dans le frais cresson bleu,
Dort ; il est étendu dans l'herbe, sous la nue,
Pâle dans son lit vert où la lumière pleut.

Les pieds dans les glaïeuls, il dort. Souriant comme
Sourirait un enfant malade, il fait un somme :
Nature, berce-le chaudement : il a froid.

Les parfums ne font pas frissonner sa narine ;
Il dort dans le soleil, la main sur sa poitrine
Tranquille. Il a deux trous rouges au côté droit. ◆

*Octobre 1870.*

# Au Cabaret-Vert

*CINQ HEURES DU SOIR.*

■ Depuis huit jours, j'avais déchiré mes bottines
Aux cailloux des chemins. J'entrais à Charleroi.
– *Au Cabaret-Vert* : je demandai des tartines
De beurre et du jambon qui fût à moitié froid.

Bienheureux, j'allongeai les jambes sous la table
Verte : je contemplai les sujets très naïfs
De la tapisserie. – Et ce fut adorable,
Quand la fille aux tétons énormes, aux yeux vifs,

– Celle-là, ce n'est pas un baiser qui l'épeure ! –
Rieuse, m'apporta des tartines de beurre,
Du jambon tiède, dans un plat colorié,

Du jambon rose et blanc parfumé d'une gousse
D'ail, – et m'emplit la chope immense, avec
   sa mousse
Que dorait un rayon de soleil arriéré. ◆

*Octobre 1870.*

# Le buffet

■ C'est un large buffet sculpté; le chêne sombre,
Très vieux, a pris cet air si bon des vieilles gens;
Le buffet est ouvert, et verse dans son ombre
Comme un flot de vin vieux, des parfums
    engageants;

Tout plein, c'est un fouillis de vieilles vieilleries,
De linges odorants et jaunes, de chiffons
De femmes ou d'enfants, de dentelles flétries,
De fichus de grand'mère où sont peints des griffons;

– C'est là qu'on trouverait les médaillons, les mèches
De cheveux blancs ou blonds, les portraits,
    les fleurs sèches
Dont le parfum se mêle à des parfums de fruits.

– Ô buffet du vieux temps, tu sais bien des histoires,
Et tu voudrais conter tes contes, et tu bruis
Quand s'ouvrent lentement tes grandes
    portes noires. ◆

*Octobre 1870.*

# Ma bohème

*(Fantaisie)*

■ Je m'en allais, les poings dans mes poches
    crevées;
Mon paletot aussi devenait idéal;
J'allais sous le ciel, Muse! et j'étais ton féal;
Oh! là! là! que d'amours splendides j'ai rêvées!

Mon unique culotte avait un large trou.
— Petit-Poucet rêveur, j'égrenais dans ma course
Des rimes. Mon auberge était à la Grande-Ourse.
— Mes étoiles au ciel avaient un doux frou-frou

Et je les écoutais, assis au bord des routes,
Ces bons soirs de septembre où je sentais
    des gouttes
De rosée à mon front, comme un vin de vigueur;

Où, rimant au milieu des ombres fantastiques,
Comme des lyres, je tirais les élastiques
De mes souliers blessés, un pied près de
    mon cœur! ◆

## Les corbeaux

■ Seigneur, quand froide est la prairie,
Quand dans les hameaux abattus,
Les longs angelus se sont tus...
Sur la nature défleurie
Faites s'abattre des grands cieux
Les chers corbeaux délicieux.

Armée étrange aux cris sévères,
Les vents froids attaquent vos nids !
Vous, le long des fleuves jaunis,
Sur les routes aux vieux calvaires,
Sur les fossés et sur les trous
Dispersez-vous, ralliez-vous !

Par milliers, sur les champs de France,
Où dorment des morts d'avant-hier,
Tournoyez, n'est-ce pas, l'hiver,
Pour que chaque passant repense!
Sois donc le crieur du devoir,
Ô notre funèbre oiseau noir!

Mais, saints du ciel, en haut du chêne,
Mât perdu dans le soir charmé,
Laissez les fauvettes de mai
Pour ceux qu'au fond du bois enchaîne,
Dans l'herbe d'où l'on ne peut fuir,
La défaite sans avenir. ♦

# Tête de faune

■ Dans la feuillée, écrin vert taché d'or,
Dans la feuillée incertaine et fleurie
De fleurs splendides où le baiser dort,
Vif et crevant l'exquise broderie,

Un faune effaré montre ses deux yeux
Et mord les fleurs rouges de ses dents blanches
Brunie et sanglante, ainsi qu'un vin vieux
Sa lèvre éclate en rires sous les branches.

Et quand il a fui – tel qu'un écureuil –
Son rire tremble encore à chaque feuille
Et l'on voit épeuré par un bouvreuil
Le Baiser d'or du Bois, qui se recueille. ◆

# Les poètes de sept ans

■ Et la Mère, fermant le livre du devoir,
S'en allait satisfaite et très fière, sans voir,
Dans les yeux bleus et sous le front plein
    d'éminences,
L'âme de son enfant livrée aux répugnances.

Tout le jour il suait d'obéissance; très
Intelligent; pourtant des tics noirs, quelques traits
Semblaient prouver en lui d'âcres hypocrisies.
Dans l'ombre des couloirs aux tentures moisies,
En passant il tirait la langue, les deux poings
À l'aine, et dans ses yeux fermés voyait des points.
Une porte s'ouvrait sur le soir : à la lampe
On le voyait, là-haut, qui râlait sur la rampe,
Sous un golfe de jour pendant du toit. L'été
Surtout, vaincu, stupide, il était entêté
À se renfermer dans la fraîcheur des latrines :
Il pensait là, tranquille et livrant ses narines.

Quand, lavé des odeurs du jour, le jardinet
Derrière la maison, en hiver, s'illunait[1],
Gisant au pied d'un mur, enterré dans la marne
Et pour des visions écrasant son œil darne[2],
Il écoutait grouiller les galeux espaliers.
Pitié! Ces enfants seuls étaient ses familiers
Qui, chétifs, fronts nus, œil déteignant sur la joue,
Cachant de maigres doigts jaunes et noirs de boue
Sous des habits puant la foire et tout vieillots,
Conversaient avec la douceur des idiots!
Et si, l'ayant surpris à des pitiés immondes,
Sa mère s'effrayait; les tendresses, profondes,
De l'enfant se jetaient sur cet étonnement.
C'était bon. Elle avait le bleu regard, – qui ment!

À sept ans, il faisait des romans, sur la vie
Du grand désert, où luit la Liberté ravie,
Forêts, soleils, rives, savanes! – Il s'aidait
De journaux illustrés où, rouge, il regardait
Des Espagnoles rire et des Italiennes.

1. *Illuminé par la lune.*
2. *Signifie, dans les Ardennes, pris de vertige.*

Quand venait, l'œil brun, folle, en robes d'indiennes,
– Huit ans, – la fille des ouvriers d'à côté,
La petite brutale, et qu'elle avait sauté,
Dans un coin, sur son dos, en secouant ses tresses,
Et qu'il était sous elle, il lui mordait les fesses,
Car elle ne portait jamais de pantalons;
– Et, par elle meurtri des poings et des talons,
Remportait les saveurs de sa peau dans sa chambre.

Il craignait les blafards dimanches de décembre,
Où, pommadé, sur un guéridon d'acajou,
Il lisait une Bible à la tranche vert-chou;
Des rêves l'oppressaient chaque nuit dans l'alcôve.
Il n'aimait pas Dieu; mais les hommes, qu'au
        soir fauve,
Noirs, en blouse, il voyait rentrer dans le faubourg
Où les crieurs, en trois roulements de tambour,
Font autour des édits rire et gronder les foules.
– Il rêvait la prairie amoureuse, où des houles
Lumineuses, parfums sains, pubescences d'or
Font leur remuement calme et prennent leur essor!

Et comme il savourait surtout les sombres choses,
Quand, dans la chambre nue aux persiennes closes,
Haute et bleue, âcrement prise d'humidité,
Il lisait son roman sans cesse médité,
Plein de lourds ciels ocreux et de forêts noyées,
De fleurs de chair aux bois sidérals déployées,
Vertige, écroulements, déroutes et pitié !
– Tandis que se faisait la rumeur du quartier,
En bas, – seul, et couché sur des pièces de toile
Écrue, et pressentant violemment la voile ! ◆

# Voyelles

■ A noir, E blanc, I rouge, U vert, O bleu : voyelles,
Je dirai quelque jour vos naissances latentes :
A, noir corset velu des mouches éclatantes
Qui bombinent autour des puanteurs cruelles,

Golfes d'ombre ; E, candeurs des vapeurs
    et des tentes,
Lances des glaciers fiers, rois blancs, frissons
    d'ombelles ;
I, pourpres, sang craché, rire des lèvres belles
Dans la colère ou les ivresses pénitentes ;

U, cycles, vibrements divins des mers virides,
Paix des pâtis semés d'animaux, paix des rides
Que l'alchimie imprime aux grands fronts studieux ;

O, suprême Clairon plein des strideurs étranges,
Silences traversés des Mondes et des Anges :
– O l'Oméga, rayon violet de Ses Yeux ! ◆

■ L'étoile a pleuré rose au cœur de tes oreilles,
L'infini roulé blanc de ta nuque à tes reins
La mer a perlé rousse à tes mammes vermeilles
Et l'Homme saigné noir à ton flanc souverain. ◆

# Les chercheuses de poux

■ Quand le front de l'enfant, plein de rouges
  tourmentes,
Implore l'essaim blanc des rêves indistincts,
Il vient près de son lit deux grandes sœurs
  charmantes
Avec de frêles doigts aux ongles argentins.

Elles assoient l'enfant devant une croisée
Grande ouverte où l'air bleu baigne un fouillis
  de fleurs,
Et dans ses lourds cheveux où tombe la rosée
Promènent leurs doigts fins, terribles et charmeurs.

Il écoute chanter leurs haleines craintives
Qui fleurent de longs miels végétaux et rosés,
Et qu'interrompt parfois un sifflement, salives
Reprises sur la lèvre ou désirs de baisers.

Il entend leurs cils noirs battant sous les silences
Parfumés; et leurs doigts électriques et doux
Font crépiter parmi ses grises indolences
Sous leurs ongles royaux la mort des petits poux.

Voilà que monte en lui le vin de la Paresse,
Soupir d'harmonica qui pourrait délirer;
L'enfant se sent, selon la lenteur des caresses,
Sourdre et mourir sans cesse un désir de pleurer. ◆

# Le bateau ivre

■ Comme je descendais des Fleuves impassibles,
Je ne me sentis plus guidé par les haleurs :
Des Peaux-Rouges criards les avaient pris pour cibles
Les ayant cloués nus aux poteaux de couleurs.

J'étais insoucieux de tous les équipages,
Porteur de blés flamands ou de cotons anglais.
Quand avec mes haleurs ont fini ces tapages
Les Fleuves m'ont laissé descendre où je voulais.

Dans les clapotements furieux des marées,
Moi, l'autre hiver, plus sourd que les cerveaux
    d'enfants,
Je courus ! Et les Péninsules démarrées
N'ont pas subi tohu-bohus plus triomphants.

La tempête a béni mes éveils maritimes.
Plus léger qu'un bouchon j'ai dansé sur les flots
Qu'on appelle rouleurs éternels de victimes,
Dix nuits, sans regretter l'œil niais des falots !

Plus douce qu'aux enfants la chair des
    pommes sures,
L'eau verte pénétra ma coque de sapin
Et des taches de vins bleus et des vomissures
Me lava, dispersant gouvernail et grappin.

Et dès lors, je me suis baigné dans le Poème
De la Mer, infusé d'astres, et lactescent,
Dévorant les azurs verts ; où, flottaison blême
Et ravie, un noyé pensif parfois descend ;

Où, teignant tout à coup les bleuités, délires
Et rythmes lents sous les rutilements du jour,
Plus fortes que l'alcool, plus vastes que nos lyres,
Fermentent les rousseurs amères de l'amour !

Je sais les cieux crevant en éclairs, et les trombes
Et les ressacs et les courants : je sais le soir,
L'Aube exaltée ainsi qu'un peuple de colombes,
Et j'ai vu quelquefois ce que l'homme a cru voir !

J'ai vu le soleil bas, taché d'horreurs mystiques,
Illuminant de longs figements violets,
Pareils à des acteurs de drames très-antiques
Les flots roulant au loin leurs frissons de volets !

J'ai rêvé la nuit verte aux neiges éblouies,
Baiser montant aux yeux des mers avec lenteurs,
La circulation des sèves inouïes,
Et l'éveil jaune et bleu des phosphores chanteurs!

J'ai suivi, des mois pleins, pareille aux vacheries
Hystériques, la houle à l'assaut des récifs,
Sans songer que les pieds lumineux des Maries
Pussent forcer le mufle aux Océans poussifs!

J'ai heurté, savez-vous, d'incroyables Florides
Mêlant aux fleurs des yeux de panthères à peaux
D'hommes! Des arcs-en-ciel tendus comme des brides
Sous l'horizon des mers, à de glauques troupeaux!

J'ai vu fermenter les marais énormes, nasses
Où pourrit dans les joncs tout un Léviathan[1]!
Des écroulements d'eaux au milieu des bonaces,
Et les lointains vers les gouffres cataractant!

Glaciers, soleils d'argent, flots nacreux, cieux
        de braises!
Échouages hideux au fond des golfes bruns
Où les serpents géants dévorés des punaises
Choient, des arbres tordus, avec de noirs parfums!

J'aurais voulu montrer aux enfants ces dorades
Du flot bleu, ces poissons d'or, ces poissons
   chantants.
– Des écumes de fleurs ont bercé mes dérades
Et d'ineffables vents m'ont ailé par instants.

Parfois, martyr lassé des pôles et des zones,
La mer dont le sanglot faisait mon roulis doux
Montait vers moi ses fleurs d'ombre aux ventouses
   jaunes
Et je restais, ainsi qu'une femme à genoux...

---

1. *Monstre marin mentionné dans la Bible.*

Presque île, ballottant sur mes bords les querelles
Et les fientes d'oiseaux clabaudeurs aux yeux blonds.
Et je voguais, lorsqu'à travers mes liens frêles
Des noyés descendaient dormir, à reculons !

Or moi, bateau perdu sous les cheveux des anses,
Jeté par l'ouragan dans l'éther sans oiseau,
Moi dont les Monitors[2] et les voiliers des Hanses
N'auraient pas repêché la carcasse ivre d'eau ;

Libre, fumant, monté de brumes violettes,
Moi qui trouais le ciel rougeoyant comme un mur
Qui porte, confiture exquise aux bons poètes,
Des lichens de soleil et des morves d'azur,

Qui courais, taché de lunules électriques,
Planche folle, escorté des hippocampes noirs,
Quand les juillets faisaient crouler à coups de triques
Les cieux ultramarins aux ardents entonnoirs ;

Moi qui tremblais, sentant geindre à cinquante lieues
Le rut des Béhémots[3] et les Maelstroms épais,
Fileur éternel des immobilités bleues,
Je regrette l'Europe aux anciens parapets !

J'ai vu des archipels sidéraux! et des îles
Dont les cieux délirants sont ouverts au vogueur :
— Est-ce en ces nuits sans fond que tu dors
    et t'exiles,
Million d'oiseaux d'or, ô future Vigueur? —

Mais, vrai, j'ai trop pleuré! Les Aubes sont
    navrantes.
Toute lune est atroce et tout soleil amer :
L'âcre amour m'a gonflé de torpeurs enivrantes.
Ô que ma quille éclate! Ô que j'aille à la mer!

Si je désire une eau d'Europe, c'est la flache[4]
Noire et froide où vers le crépuscule embaumé
Un enfant accroupi plein de tristesses, lâche
Un bateau frêle comme un papillon de mai.

Je ne puis plus, baigné de vos langueurs, ô lames,
Enlever leur sillage aux porteurs de cotons,
Ni traverser l'orgueil des drapeaux et des flammes,
Ni nager sous les yeux horribles des pontons. ◆

---

2. *Du nom d'un navire américain.*
3. *Monstre terrestre mythique.*
4. *Étendue d'eau.*

# L'esprit

■ Éternelles Ondines
   Divisez l'eau fine.
Vénus, sœur de l'azur,
   Émeus le flot pur.

Juifs errants de Norvège
   Dites-moi la neige.
Anciens exilés chers,
   Dites-moi la mer.

MOI. — Non, plus ces boissons pures,
   Ces fleurs d'eau pour verres ;
Légendes ni figures
   Ne me désaltèrent ;

Chansonnier, ta filleule
   C'est ma soif si folle
Hydre intime sans gueules
   Qui mine et désole. ◆

# Larme

■ Loin des oiseaux, des troupeaux, des villageoises,
Je buvais, accroupi dans quelque bruyère
Entourée de tendres bois de noisetiers,
Par un brouillard d'après-midi tiède et vert.

Que pouvais-je boire dans cette jeune Oise,
Ormeaux sans voix, gazon sans fleurs, ciel couvert.
Que tirais-je à la gourde de colocase[1]?
Quelque liqueur d'or, fade et qui fait suer.

Tel, j'eusse été mauvaise enseigne d'auberge.
Puis l'orage changea le ciel, jusqu'au soir.
Ce furent des pays noirs, des lacs, des perches,
Des colonnades sous la nuit bleue, des gares.

L'eau des bois se perdait sur des sables vierges.
Le vent, du ciel, jetait des glaçons aux mares...
Or! tel qu'un pêcheur d'or ou de coquillages,
Dire que je n'ai pas eu souci de boire! ♦

*Mai 1872.*
*1. Plante tropicale*

# Bonne pensée du matin

■ À quatre heures du matin, l'été,
Le sommeil d'amour dure encore.
Sous les bosquets l'aube évapore
    L'odeur du soir fêté.

Mais là-bas dans l'immense chantier
Vers le soleil des Hespérides,
En bras de chemise, les charpentiers
    Déjà s'agitent.

Dans leur désert de mousse, tranquilles,
Ils préparent les lambris précieux
Où la richesse de la ville
    Rira sous de faux cieux.

Ah ! pour ces Ouvriers charmants
Sujets d'un roi de Babylone,
Vénus ! laisse un peu les Amants,
    Dont l'âme est en couronne.

    Ô Reine des Bergers !
  Porte aux travailleurs l'eau-de-vie,
  Pour que leurs forces soient en paix
En attendant le bain dans la mer, à midi. ◆

*Mai 1872.*

# Chanson de la plus haute tour

■ Oisive jeunesse
À tout asservie,
Par délicatesse
J'ai perdu ma vie.
Ah! Que le temps vienne
Où les cœurs s'éprennent.

Je me suis dit : laisse,
Et qu'on ne te voie :
Et sans la promesse
De plus hautes joies.
Que rien ne t'arrête
Auguste retraite.

J'ai tant fait patience
Qu'à jamais j'oublie;
Craintes et souffrances
Aux cieux sont parties.
Et la soif malsaine
Obscurcit mes veines.

Ainsi la Prairie
À l'oubli livrée,
Grandie, et fleurie
D'encens et d'ivraies
Au bourdon farouche
De cent sales mouches.

Ah! Mille veuvages
De la si pauvre âme
Qui n'a que l'image
De la Notre-Dame!
Est-ce que l'on prie
La Vierge Marie?

Oisive jeunesse
À tout asservie
Par délicatesse
J'ai perdu ma vie.
Ah! Que le temps vienne
Où les cœurs s'éprennent! ◆

*Mai 1872.*

## L'éternité

■ Elle est retrouvée !
Quoi ? – L'Éternité.
C'est la mer allée
Avec le soleil.

Âme sentinelle,
Murmurons l'aveu
De la nuit si nulle
Et du jour en feu.

Des humains suffrages,
Des communs élans
Là tu te dégages
Et voles selon.

Puisque de vous seules,
Braises de satin
Le Devoir s'exhale
Sans qu'on dise : enfin.

Là pas d'espérance,
Nul *orietur* [1].
Science avec patience,
Le supplice est sûr.

Elle est retrouvée.
Quoi? – L'Éternité.
C'est la mer allée
Avec le soleil. ◆

*Mai 1872.*
*1. Rien n'apparaîtra.*

# Fêtes de la faim

■ Ma faim, Anne, Anne,
Fuis sur ton âne.

Si j'ai du *goût*, ce n'est guères
Que pour la terre et les pierres.
Dinn! dinn! dinn! dinn! Je pais l'air,
Le roc, les Terres, le fer.

Tournez, les faims, paissez, faims,
　　　Le pré des sons!
Puis l'aimable et vibrant venin
　　　Des liserons;

Les cailloux qu'un pauvre brise,
Les vieilles pierres d'églises,
Les galets, fils des déluges,
Pains couchés aux vallées grises !

Mes faims, c'est les bouts d'air noir ;
      L'azur sonneur ;
– C'est l'estomac qui me tire.
      C'est le malheur.

Sur terre ont paru les feuilles :
Je vais aux chairs de fruits blettes.
Au sein du sillon je cueille
La doucette et la violette.

      Ma faim, Anne, Anne !
      Fuis sur ton âne. ◆

■ Entends comme brame
près des acacias
en avril la rame
viride du pois !

Dans sa vapeur nette,
vers Phœbé[1] ! tu vois
s'agiter la tête
de saints d'autrefois…

Loin des claires meules
des caps, des beaux toits,
ces chers Anciens veulent
ce philtre sournois…

Or ni fériale
ni astrale ! n'est
la brume qu'exhale
ce nocturne effet.

Néanmoins ils restent,
– Sicile, Allemagne,
dans ce brouillard triste
et blêmi, justement ! ◆

---

1. *La lune dans la mythologie.*

■ Le loup criait sous les feuilles
En crachant les belles plumes
De son repas de volailles :
Comme lui je me consume.

Les salades, les fruits
N'attendent que la cueillette;
Mais l'araignée de la haie
Ne mange que des violettes.

Que je dorme! que je bouille
Aux autels de Salomon.
Le bouillon court sur la rouille,
Et se mêle au Cédron. ◗

■ Ne devinez-vous pas pourquoi je meurs d'amour?
La fleur me dit : salut : l'oiseau me dit bonjour :
Salut; c'est le printemps! c'est l'ange de tendresse!
Ne devinez-vous pas pourquoi je bous d'ivresse!
Ange de ma grand-mère, ange de mon berceau,
Ne devinez-vous pas que je deviens oiseau,
Que ma lyre frissonne et que je bats de l'aile
        Comme hirondelle?... ◆

# La brise

■ Dans sa retraite de coton
Dort le zéphyr à douce haleine :
Dans son nid de soie et de laine
Dort le zéphyr au gai menton !

Quand le zéphyr lève son aile
Dans sa retraite de coton,
Quand il court où la fleur l'appelle,
Sa douce haleine sent bien bon !

Ô brise quintessenciée !
Ô quintessence de l'amour !
Quand la rosée est essuyée,
Comme ça sent bon dans le jour !

Jésus ! Joseph ! Jésus ! Marie !
C'est comme une aile de condor
Assoupissant celui qui prie !
Ça nous pénètre et nous endort ! ◆

# Michel et Christine

■ Zut alors si le soleil quitte ces bords !
Fuis, clair déluge ! Voici l'ombre des routes.
Dans les saules, dans la vieille cour d'honneur
L'orage d'abord jette ses larges gouttes.

Ô cent agneaux, de l'idylle soldats blonds,
Des aqueducs, des bruyères amaigries,
Fuyez ! plaine, déserts, prairie, horizons
Sont à la toilette rouge de l'orage !

Chien noir, brun pasteur dont le manteau s'engouffre,
Fuyez l'heure des éclairs supérieurs ;
Blond troupeau, quand voici nager ombre et soufre,
Tâchez de descendre à des retraits meilleurs.

Mais moi, Seigneur! voici que mon Esprit vole,
Après les cieux glacés de rouge, sous les
Nuages célestes qui courent et volent
Sur cent Solognes longues comme un railway.

Voici mille loups, mille graines sauvages
Qu'emporte, non sans aimer les liserons,
Cette religieuse après-midi d'orage
Sur l'Europe ancienne où cent hordes iront!

Après, le clair de lune! partout la lande,
Rougis et leurs fronts aux cieux noirs, les guerriers
Chevauchent lentement leurs pâles coursiers!
Les cailloux sonnent sous cette fière bande!

– Et verrai-je le bois jaune et le val clair,
L'Épouse aux yeux bleus, l'homme au front rouge,
  – ô Gaule,
Et le blanc agneau Pascal, à leurs pieds chers,
– Michel et Christine, – et Christ! – fin de l'Idylle. ♦

■ Ô saisons, ô châteaux
Quelle âme est sans défauts ?

Ô saisons, ô châteaux,

J'ai fait la magique étude
Du Bonheur, que nul n'élude.

Ô vive lui, chaque fois
Que chante son coq gaulois.

Mais! je n'aurai plus d'envie,
Il s'est chargé de ma vie.

Ce Charme! il prit âme et corps,
Et dispersa tous efforts.

Que comprendre à ma parole?
Il fait qu'elle fuie et vole!

Ô saisons, ô châteaux!

[Et si le malheur m'entraîne,
Sa disgrâce m'est certaine.

Il faut que son dédain, las!
Me livre au plus prompt trépas!

– Ô Saisons, ô Châteaux!] ◖

■ Jadis, si je me souviens bien, ma vie était
un festin où s'ouvraient tous les cœurs, où tous
les vins coulaient.

Un soir, j'ai assis la Beauté sur mes genoux. –
Et je l'ai trouvée amère. – Et je l'ai injuriée.

Je me suis armé contre la justice.

Je me suis enfui. Ô sorcières, ô misère, ô haine,
c'est à vous que mon trésor a été confié!

Je parvins à faire s'évanouir dans mon esprit toute
l'espérance humaine. Sur toute joie pour l'étrangler
j'ai fait le bond sourd de la bête féroce.

J'ai appelé les bourreaux pour, en périssant,
mordre la crosse de leurs fusils. J'ai appelé les
fléaux, pour m'étouffer avec le sable, le sang.

Le malheur a été mon dieu. Je me suis allongé
dans la boue. Je me suis séché à l'air du crime.

Et j'ai joué de bons tours à la folie.

Et le printemps m'a apporté l'affreux rire de l'idiot.

(...) ◆

# Mauvais sang

■ J'ai de mes ancêtres gaulois l'œil bleu blanc,
la cervelle étroite, et la maladresse dans la lutte.
Je trouve mon habillement aussi barbare que
le leur. Mais je ne beurre pas ma chevelure.
Les Gaulois étaient les écorcheurs de bêtes, les
brûleurs d'herbes les plus ineptes de leur temps.
D'eux, j'ai : l'idolâtrie et l'amour du sacrilège ;
– oh ! tous les vices, colère, luxure, – magnifique,
la luxure ; – surtout mensonge et paresse.
J'ai horreur de tous les métiers. Maîtres
et ouvriers, tous paysans, ignobles. La main
à plume vaut la main à charrue. – Quel siècle
à mains ! – Je n'aurai jamais ma main. Après,
la domesticité mène trop loin. L'honnêteté de
la mendicité me navre. Les criminels dégoûtent
comme les châtrés : moi, je suis intact,
et ça m'est égal. (…)

♦

Me voici sur la plage armoricaine. Que les villes
s'allument dans le soir. Ma journée est faite ;
je quitte l'Europe. L'air marin brûlera mes poumons ;
les climats perdus me tanneront. Nager, broyer

l'herbe, chasser, fumer surtout ; boire des liqueurs
fortes comme du métal bouillant, – comme faisaient
ces chers ancêtres autour des feux.

Je reviendrai, avec des membres de fer, la peau
sombre, l'œil furieux : sur mon masque, on me jugera
d'une race forte. J'aurai de l'or : je serai oisif et brutal.
Les femmes soignent ces féroces infirmes retour des
pays chauds. Je serai mêlé aux affaires politiques.
Sauvé.

Maintenant je suis maudit, j'ai horreur de la patrie.
Le meilleur, c'est un sommeil bien ivre, sur la grève.

◆

On ne part pas. – Reprenons les chemins d'ici, chargé
de mon vice, le vice qui a poussé ses racines de
souffrance à mon côté, dès l'âge de raison – qui monte
au ciel, me bat, me renverse, me traîne.

La dernière innocence et la dernière timidité. C'est dit.
Ne pas porter au monde mes dégoûts et mes trahisons.

Allons ! La marche, le fardeau, le désert, l'ennui et la
colère.

À qui me louer ? Quelle bête faut-il adorer ? Quelle
sainte image attaque-t-on ? Quels cœurs briserai-je ?
Quel mensonge dois-je tenir ? – Dans quel sang
marcher ?

Plutôt, se garder de la justice. – La vie dure,
l'abrutissement simple, – soulever, le poing
desséché, le couvercle du cercueil, s'asseoir,
s'étouffer. Ainsi point de vieillesse, ni de dangers :
la terreur n'est pas française.

– Ah! je suis tellement délaissé que j'offre à
n'importe quelle divine image des élans vers la
perfection.

Ô mon abnégation, ô ma charité merveilleuse!
ici-bas, pourtant!

*De profundis Domine*, suis-je bête! ◆

## Alchimie du verbe

■ À moi. L'histoire d'une de mes folies.

Depuis longtemps je me vantais de posséder
tous les paysages possibles, et trouvais dérisoires
les célébrités de la peinture et de la poésie moderne.
J'aimais les peintures idiotes, dessus de portes, décors,
toiles de saltimbanques, enseignes, enluminures
populaires ; la littérature démodée, latin d'église, livres
érotiques sans orthographe, romans de nos aïeules,
contes de fées, petits livres de l'enfance, opéras vieux,
refrains niais, rythmes naïfs.

Je rêvais croisades, voyages de découvertes dont
on n'a pas de relations, républiques sans histoires,
guerres de religion étouffées, révolutions de mœurs,
déplacements de races et de continents : je croyais
à tous les enchantements.

J'inventai la couleur des voyelles ! – *A* noir, *E* blanc,
*I* rouge, *O* bleu, *U* vert. – Je réglai la forme et le

mouvement de chaque consonne, et, avec des
rythmes instinctifs, je me flattai d'inventer un verbe
poétique accessible, un jour ou l'autre, à tous les
sens. Je réservais la traduction.
Ce fut d'abord une étude. J'écrivais des silences, des
nuits, je notais l'inexprimable. Je fixais des vertiges.

◆

La vieillerie poétique avait une bonne part dans
mon alchimie du verbe.
Je m'habituai à l'hallucination simple : je voyais très
franchement une mosquée à la place d'une usine,
une école de tambours faite par des anges, des
calèches sur les routes du ciel, un salon au fond
d'un lac ; les monstres, les mystères ; un titre de
vaudeville dressait des épouvantes devant moi.
Puis j'expliquai mes sophismes magiques avec
l'hallucination des mots !
Je finis par trouver sacré le désordre de mon esprit.
J'étais oisif, en proie à une lourde fièvre : j'enviais
la félicité des bêtes, – les chenilles, qui représentent
l'innocence des limbes, les taupes, le sommeil de la
virginité !
Mon caractère s'aigrissait. Je disais adieu au monde
dans d'espèces de romances (…) ◆

■ Je devins un opéra fabuleux ; je vis que tous les êtres ont une fatalité de bonheur : l'action n'est pas la vie, mais une façon de gâcher quelque force, un énervement. La morale est la faiblesse de la cervelle.

À chaque être, plusieurs *autres* vies me semblaient dues. Ce monsieur ne sait ce qu'il fait : il est un ange. Cette famille est une nichée de chiens. Devant plusieurs hommes, je causai tout haut avec un moment d'une de leurs autres vies. – Ainsi, j'ai aimé un porc.

Aucun des sophismes de la folie, – la folie qu'on enferme, – n'a été oublié par moi : je pourrais les redire tous, je tiens le système.

Ma santé fut menacée. La terreur venait. Je tombais dans des sommeils de plusieurs jours, et, levé, je continuais les rêves les plus tristes. J'étais mûr pour le trépas, et par une route de dangers ma faiblesse me menait aux confins du monde et de la Cimmérie[1], patrie de l'ombre et des tourbillons.

Je dus voyager, distraire les enchantements assemblés sur mon cerveau. Sur la mer, que j'aimais comme si elle eût dû me laver d'une souillure, je voyais se lever la croix consolatrice. J'avais été damné par l'arc-en-ciel. Le Bonheur était ma fatalité, mon remords, mon ver : ma vie serait toujours trop immense pour être dévouée à la force et à la beauté.

(...)

Cela s'est passé. Je sais aujourd'hui saluer la beauté. ◆

—
1. *Contrée proche de la mer Noire, vers 1200 av. J.-C.*

# Matin

■ N'eus-je pas *une fois* une jeunesse aimable,
héroïque, fabuleuse, à écrire sur des feuilles d'or,
– trop de chance! Par quel crime, par quelle
erreur, ai-je mérité ma faiblesse actuelle? Vous
qui prétendez que des bêtes poussent des
sanglots de chagrin, que des malades
désespèrent, que des morts rêvent mal, tâchez
de raconter ma chute et mon sommeil. Moi, je ne
puis pas plus m'expliquer que le mendiant avec
ses continuels *Pater* et *Ave Maria*. *Je ne sais
plus parler!*
Pourtant, aujourd'hui, je crois avoir fini la
relation de mon enfer. C'était bien l'enfer;
l'ancien, celui dont le fils de l'homme ouvrit les
portes.

Du même désert, à la même nuit, toujours mes yeux las se réveillent à l'étoile d'argent, toujours, sans que s'émeuvent les Rois de la vie, les trois mages, le cœur, l'âme, l'esprit. Quand irons-nous, par delà les grèves et les monts, saluer la naissance du travail nouveau, la sagesse nouvelle, la fuite des tyrans et des démons, la fin de la superstition, adorer – les premiers ! – Noël sur la terre !

Le chant des cieux, la marche des peuples ! Esclaves, ne maudissons pas la vie. ◆

# Après le déluge

■ Aussitôt que l'idée du Déluge se fut rassise,
Un lièvre s'arrêta dans les sainfoins et les
clochettes mouvantes et dit sa prière à l'arc-en-
ciel à travers la toile de l'araignée.
Oh! les pierres précieuses qui se cachaient,
– les fleurs qui regardaient déjà.
Dans la grande rue sale les étals se dressèrent,
et l'on tira les barques vers la mer étagée là-haut
comme sur les gravures.
Le sang coula, chez Barbe-Bleue, – aux
abattoirs, – dans les cirques, où le sceau de Dieu
blêmit les fenêtres. Le sang et le lait coulèrent.
Les castors bâtirent. Les «mazagrans» fumèrent
dans les estaminets.

Dans la grande maison de vitres encore
ruisselante les enfants en deuil regardèrent
les merveilleuses images.

Une porte claqua, – et sur la place du hameau,
l'enfant tourna ses bras, compris des girouettes
et des coqs des clochers de partout, sous
l'éclatante giboulée.

Madame*** établit un piano dans les Alpes.
La messe et les premières communions
se célébrèrent aux cent mille autels de
la cathédrale.

Les caravanes partirent. Et le Splendide-Hôtel
fut bâti dans le chaos de glaces et de nuit du pôle.

(...) ♦

# Enfance

**I**

■ Cette idole, yeux noirs et crin jaune, sans
parents ni cour, plus noble que la fable,
mexicaine et flamande ; son domaine, azur
et verdure insolents, court sur des plages
nommées, par des vagues sans vaisseaux,
de noms férocement grecs, slaves, celtiques.
À la lisière de la forêt – les fleurs de rêve tintent,
éclatent, éclairent, – la fille à lèvre d'orange, les
genoux croisés dans le clair déluge qui sourd des
prés, nudité qu'ombrent, traversent et habillent
les arcs-en-ciel, la flore, la mer.
Dames qui tournoient sur les terrasses voisines
de la mer ; enfantes et géantes, superbes noires
dans la mousse vert-de-gris, bijoux debout sur
le sol gras des bosquets et des jardinets dégelés,–
jeunes mères et grandes sœurs aux regards
pleins de pèlerinages, sultanes, princesses
de démarche et de costume tyranniques,
petites étrangères et personnes doucement
malheureuses.
Quel ennui, l'heure du « cher corps » et « cher
cœur ».

**II**

(...)

L'essaim des feuilles d'or entoure la maison
du général. Ils sont dans le midi. – On suit
la route rouge pour arriver à l'auberge vide.
Le château est à vendre ; les persiennes sont
détachées. – Le curé aura emporté la clef de
l'église. – Autour du parc, les loges des gardes
sont inhabitées. Les palissades sont si hautes
qu'on ne voit que les cimes bruissantes.
D'ailleurs il n'y a rien à voir là-dedans.

Les prés remontent aux hameaux sans coqs,
sans enclumes. L'écluse est levée. Ô les
Calvaires et les moulins du désert, les îles
et les meules !

Des fleurs magiques bourdonnaient. Les talus
le berçaient. Des bêtes d'une élégance fabuleuse
circulaient. Les nuées s'amassaient sur la haute
mer faite d'une éternité de chaudes larmes.

**III**

Au bois il y a un oiseau, son chant vous arrête
et vous fait rougir.

Il y a une horloge qui ne sonne pas.

Il y a une fondrière avec un nid de bêtes
blanches.

Il y a une cathédrale qui descend et un lac qui
monte.

Il y a une petite voiture abandonnée dans
le taillis, ou qui descend le sentier en courant,
enrubannée.

Il y a une troupe de petits comédiens en
costumes, aperçus sur la route à travers
la lisière du bois.

Il y a enfin, quand l'on a faim et soif, quelqu'un
qui vous chasse.

**IV**

Je suis le saint, en prière sur la terrasse,
– comme les bêtes pacifiques paissent jusqu'à
la mer de Palestine.

Je suis le savant au fauteuil sombre. Les
branches et la pluie se jettent à la croisée
de la bibliothèque.

Je suis le piéton de la grand'route par les bois
nains ; la rumeur des écluses couvre mes pas.
Je vois longtemps la mélancolique lessive d'or
du couchant.

Je serais bien l'enfant abandonné sur la jetée
partie à la haute mer, le petit valet suivant
l'allée dont le front touche le ciel.

Les sentiers sont âpres. Les monticules se
couvrent de genêts. L'air est immobile. Que
les oiseaux et les sources sont loin ! Ce ne peut
être que la fin du monde, en avançant. (…) ◆

# Vies

### III

■ Dans un grenier où je fus enfermé à douze ans j'ai connu le monde, j'ai illustré la comédie humaine. Dans un cellier j'ai appris l'histoire. À quelque fête de nuit dans une cité du Nord, j'ai rencontré toutes les femmes des anciens peintres. Dans un vieux passage à Paris on m'a enseigné les sciences classiques. Dans une magnifique demeure cernée par l'Orient entier j'ai accompli mon immense œuvre et passé mon illustre retraite. J'ai brassé mon sang. Mon devoir m'est remis. Il ne faut même plus songer à cela. Je suis réellement d'outre-tombe, et pas de commissions. ◆

# Départ

■ Assez vu. La vision s'est rencontrée à tous
les airs.

Assez eu. Rumeurs des villes, le soir, et au soleil,
et toujours.

Assez connu. Les arrêts de la vie. – Ô Rumeurs
et Visions !

Départ dans l'affection et le bruit neufs ! ◆

# Phrases

■ (...) J'ai tendu des cordes de clocher à clocher; des guirlandes de fenêtre à fenêtre; des chaînes d'or d'étoile à étoile, et je danse.

◆

Le haut étang fume continuellement. Quelle sorcière va se dresser sur le couchant blanc? Quelles violettes frondaisons vont descendre?

◆

Avivant un agréable goût d'encre de Chine une poudre noire pleut doucement sur ma veillée.
– Je baisse les feux du lustre, je me jette sur le lit, et tourné du côté de l'ombre je vous vois, mes filles! mes reines! ◆

# Ornières

■ À droite l'aube d'été éveille les feuilles et les
vapeurs et les bruits de ce coin du parc, et les
talus de gauche tiennent dans leur ombre
violette les mille rapides ornières de la route
humide. Défilé de féeries. En effet : des chars
chargés d'animaux de bois doré, de mâts et de
toiles bariolées, au grand galop de vingt chevaux
de cirque tachetés, et les enfants et les hommes
sur leurs bêtes les plus étonnantes ; – vingt
véhicules, bossés, pavoisés et fleuris comme des
carrosses anciens ou de contes, pleins d'enfants
attifés pour une pastorale suburbaine. – Même
des cercueils sous leur dais de nuit dressant les
panaches d'ébène, filant au trot des grandes
juments bleues et noires. ◆

# Mystique

■ Sur la pente du talus les anges tournent leurs robes de laine dans les herbages d'acier et d'émeraude.

Des prés de flammes bondissent jusqu'au sommet du mamelon. À gauche le terreau de l'arête est piétiné par tous les homicides et toutes les batailles, et tous les bruits désastreux filent leur courbe. Derrière l'arête de droite la ligne des orients, des progrès.

Et tandis que la bande en haut du tableau est formée de la rumeur tournante et bondissante des conques des mers et des nuits humaines,

La douceur fleurie des étoiles et du ciel et du reste descend en face du talus, comme un panier, contre notre face, et fait l'abîme fleurant et bleu là-dessous. ◆

# Métropolitain

■ Du détroit d'indigo aux mers d'Ossian[1], sur le sable rose et orange qu'a lavé le ciel vineux, viennent de monter et de se croiser des boulevards de cristal habités incontinent par de jeunes familles pauvres qui s'alimentent chez les fruitiers. Rien de riche. – La ville !
Du désert de bitume fuient droit en déroute avec les nappes de brumes échelonnées en bandes affreuses au ciel qui se recourbe, se recule et descend, formé de la plus sinistre fumée noire que puisse faire l'Océan en deuil, les casques, les roues, les barques, les croupes. – La bataille !
(…)
Le matin où avec Elle, vous vous débattîtes parmi les éclats de neige, les lèvres vertes, les glaces, les drapeaux noirs et les rayons bleus, et les parfums pourpres du soleil des pôles, – ta force. ◆

---

1. *Barde écossais du* III*e s.*

# Aube

■ J'ai embrassé l'aube d'été.

Rien ne bougeait encore au front des palais.
L'eau était morte. Les camps d'ombres ne
quittaient pas la route du bois. J'ai marché,
réveillant les haleines vives et tièdes, et les
pierreries regardèrent, et les ailes se levèrent
sans bruit.

La première entreprise fut, dans le sentier déjà
empli de frais et blêmes éclats, une fleur qui me
dit son nom.

Je ris au wasserfall[1] blond qui s'échevela
à travers les sapins : à la cime argentée
je reconnus la déesse.

Alors je levai un à un les voiles. Dans l'allée, en
agitant les bras. Par la plaine, où je l'ai dénoncée
au coq. À la grand'ville elle fuyait parmi les
clochers et les dômes, et courant comme un
mendiant sur les quais de marbre, je la chassais.

En haut de la route, près d'un bois de lauriers,
je l'ai entourée avec ses voiles amassés,
et j'ai senti un peu son immense corps. L'aube
et l'enfant tombèrent au bas du bois.

Au réveil il était midi. ◆

1. *Chute d'eau.*

# Veillées

**I**

■ C'est le repos éclairé, ni fièvre, ni langueur, sur le lit ou sur le pré.

C'est l'ami ni ardent ni faible. L'ami.

C'est l'aimée ni tourmentante ni tourmentée. L'aimée.

L'air et le monde point cherchés. La vie.

— Était-ce donc ceci?

— Et le rêve fraîchit. (…) ◆

# Fleurs

■ D'un gradin d'or, – parmi les cordons de soie,
les gazes grises, les velours verts et les disques
de cristal qui noircissent comme du bronze au
soleil, – je vois la digitale s'ouvrir sur un tapis
de filigranes d'argent, d'yeux et de chevelures.
Des pièces d'or jaune semées sur l'agate,
des piliers d'acajou supportant un dôme
d'émeraudes, des bouquets de satin blanc et
de fines verges de rubis entourent la rose d'eau.
Tels qu'un dieu aux énormes yeux bleus et aux
formes de neige, la mer et le ciel attirent aux
terrasses de marbre la foule des jeunes et fortes
roses. ◆

## Marine

■ Les chars d'argent et de cuivre –
Les proues d'acier et d'argent –
Battent l'écume, –
Soulèvent les souches des ronces –
Les courants de la lande,
Et les ornières immenses du reflux,
Filent circulairement vers l'est,
Vers les piliers de la forêt, –
Vers les fûts de la jetée,
Dont l'angle est heurté par des
tourbillons de lumière. ◆

# Génie

■ Il est l'affection et le présent puisqu'il a fait la maison ouverte à l'hiver écumeux et à la rumeur de l'été, lui qui a purifié les boissons et les aliments, lui qui est le charme des lieux fuyant et le délice surhumain des stations. Il est l'affection et l'avenir, la force et l'amour que nous, debout dans les rages et les ennuis, nous voyons passer dans le ciel de tempête et les drapeaux d'extase.

Il est l'amour, mesure parfaite et réinventée, raison merveilleuse et imprévue, et l'éternité : machine aimée des qualités fatales. Nous avons tous eu l'épouvante de sa concession et de la nôtre : ô jouissance de notre santé, élan de nos facultés, affection égoïste et passion pour lui, lui qui nous aime pour sa vie infinie...

Et nous nous le rappelons et il voyage… Et si l'Adoration s'en va, sonne, sa promesse sonne : «Arrière ces superstitions, ces anciens corps, ces ménages et ces âges. C'est cette époque-ci qui a sombré!»

Il ne s'en ira pas, il ne redescendra pas d'un ciel, il n'accomplira pas la rédemption des colères de femmes et des gaîtés des hommes et de tout ce péché : car c'est fait, lui étant, et étant aimé.

Ô ses souffles, ses têtes, ses courses; la terrible célérité de la perfection des formes et de l'action.

Ô fécondité de l'esprit et immensité de l'univers!

Son corps! Le dégagement rêvé, le brisement de la grâce croisée de violence nouvelle!

Sa vue, sa vue! tous les agenouillages anciens et les peines *relevés* à sa suite.

Son jour! l'abolition de toutes souffrances sonores et mouvantes dans la musique plus intense.

Son pas! les migrations plus énormes que les anciennes invasions.

Ô Lui et nous! l'orgueil plus bienveillant que les charités perdues.

Ô monde! et le chant clair des malheurs nouveaux!

Il nous a connus tous et nous a tous aimés.
Sachons, cette nuit d'hiver, de cap en cap, du
pôle tumultueux au château, de la foule à la
plage, de regards en regards, forces et
sentiments las, le héler et le voir, et le renvoyer,
et sous les marées et au haut des déserts de
neige, suivre ses vues, ses souffles, son corps,
son jour. ♦

# « *Je m'entête à adorer la liberté libre...* »
(Rimbaud)

Arthur Rimbaud est né à Charleville dans les Ardennes, en 1854. Sa mère possède une ferme et des bois, à Roche ; son père est capitaine dans l'armée. Il a un frère, Frédéric, né en 1853, et deux sœurs, Vitalie, née en 1858, et Isabelle, née en 1860. Le père abandonne les siens en 1860 ; la mère, sévère et puritaine, devient le chef de famille. Elle met ses deux fils dans une pension privée, puis au collège de la ville. Arthur est un élève brillant, curieux d'apprendre et d'une intelligence hors du commun. Jusqu'à la fin de la 1re, il remporte tous les prix de sa classe, mais la guerre de 1870 éclate, le collège ferme. Arthur s'ennuie et traîne dans les rues ou lit à la bibliothèque municipale. Il s'enfuit à Paris sans billet. Arrêté à la gare du Nord, emprisonné, il est délivré par Izambard, son professeur. De retour à Charleville, il écrit *Ma Bohème, Sensation, Tête de faune, Le Dormeur du val*. Début octobre il fait une fugue en Belgique ; à Douai chez Izambard, il rencontre le poète Paul Demeny à qui il confie un cahier de poèmes. À la fin de la guerre, Arthur refuse de retourner au collège et décide de se consacrer à la poésie. Quand Verlaine l'accueille à Paris, ils vivent ensemble une amitié passionnelle et douloureuse. Ils s'installent à Londres en 1873, puis gagnent la Belgique.

Après une violente dispute, Verlaine, qui a blessé son ami d'un coup de feu au poignet, est emprisonné deux ans à Mons. Rimbaud retourne à Roche poursuivre l'écriture d'*Une saison en enfer* (1873).

Dès 1876, il rompt définitivement avec la poésie et la littérature. Il s'engage dans la légion étrangère hollandaise, puis devient marin sur un navire écossais. En 1878, il traverse les Vosges, la Suisse, l'Italie et embarque à Gênes pour l'Égypte. Il gagne Chypre où il devient contremaître sur un chantier. À Aden il est engagé par une firme qui lui confie le comptoir d'Harar en Abyssinie (l'Éthiopie actuelle). Tout en commerçant (café, ivoire et peaux) dans l'Ogaden, il étudie le climat du désert, la faune, la flore en véritable ethnologue. Après différents échecs, en particulier dans le commerce des armes, il fonde avec un associé une nouvelle agence pour l'achat du café, de l'or, de tissus, etc.

À Paris, le poète commence à être reconnu, auréolé du mystère de sa disparition. Les *Illuminations* paraissent en 1886, grâce à Verlaine. Un directeur de revue lui demande des textes. Il ne veut rien savoir de ce qu'il qualifie d'«Absurde, ridicule, dégoûtant».

En 1891, souffrant violemment du genou droit, il est transporté à Aden, et embarque pour Marseille où il est hospitalisé. Atteint d'une tumeur cancéreuse, il est amputé de la jambe. Le cancer s'est généralisé. Rimbaud parle encore de retourner à Aden. «Un nouveau départ...», murmure-t-il avant de s'éteindre le 10 novembre 1891, à trente-sept ans.

# « *Je dis qu'il faut être voyant, se faire voyant...* » (Rimbaud)

Rimbaud, qui détestait la vie étriquée de sa ville natale, et pour échapper au «malheur» familial, s'est évadé très tôt dans les livres et l'écriture : «À sept ans il faisait des romans sur la vie...» «Petit Poucet rêveur», il va par les chemins et note sensations et images. Dès la fin de la 5e, il lit les comédies d'Aristophane, Racine, Lamartine, Hugo, Musset... En 1870, grâce à son professeur de rhétorique, Georges Izambard, il découvre les poètes contemporains, tels Verlaine et Banville, à qui il envoie trois poèmes. Il rêve d'être publié !

Ayant découvert le pouvoir des mots et de la poésie, Rimbaud pense voir trouvé la formule : il sera poète. Ses débuts (les *Poésies*) sont très influencés par le Parnasse contemporain ; il commence par imiter Gautier, Banville, Heredia, Coppée, Verlaine. Mais «désormais, écrit Michel Contat, les poèmes sortiront de sa plume comme les oiseaux s'envolent d'une cage ou les serpents coulent hors de leur nid». Izambard, qui l'encourage et lui prête ses livres, écrira : «Le Rimbaud intime que j'ai connu (...), que j'ai vite appris à connaître c'est l'intellectuel vrai, tout vibrant de passion lyrique et si ingénument fier de se révéler tel, si heureux de trouver enfin à qui parler de vers et de poètes !»

Rimbaud «croit» à la Poésie, il s'y convertit et élabore son art poétique. Baudelaire, dont il a la révélation vers 1871 avec la lecture des *Fleurs du mal*, chez qui il y a «cette intuition d'une métamorphose de l'être, d'un recommencement de l'esprit» (Y. Bonnefoy), lui a «enseigné la responsabilité poétique» (Y. B.). Le poète doit se faire «voyant», il peut devenir «un héros de l'esprit, un messie des temps nouveaux», s'il parvient, par le moyen d' «un long, immense et raisonné dérèglement de tous les sens», à la vision d'un autre monde dans ce monde-ci. Le poète est devenu médium : «Je est un autre.» C'est pour Verlaine et ses amis que Rimbaud avait composé «Le bateau ivre». Leur relation impossible lui inspirera pour une grande part l'extraordinaire *Saison en enfer*. Les *Illuminations*, composées de textes épars, visionnaires, «surréels» (rassemblées en 1886), constituent une nouveauté poétique absolue qui va bouleverser la tradition littéraire.

Il aura fallu quelques années à peine, cinq ans, de sa seizième année à sa vingt et unième à Rimbaud pour dynamiter «la vieillerie poétique», dans sa tentative de trouver une «autre langue», libérant les puissances de la vision. Rimbaud, tel un météore dans le paysage littéraire, a ouvert la voie de la modernité littéraire à travers une expérience-limite du langage et de la vie.

# Table des matières

Photos de 1ʳᵉ et 4ᵉ de couverture, portrait photographique de Rimbaud, détail, par Etienne Carjat, 1871 (© Musée-bibliothèque Arthur Rimbaud. Ville de Charleville-Mézières).

Loi n° 49-956 du 17 juillet 1949
sur les publications destinées à la jeunesse
ISNB 978-2-07-064386-8
N° d'édition : 237149
Dépôt légal : février 2012
Imprimé en Espagne par Novoprint (Barcelone)